1 MONTH OF
FREE
READING

at
www.ForgottenBooks.com

By purchasing this book you are eligible for one month membership to ForgottenBooks.com, giving you unlimited access to our entire collection of over 700,000 titles via our web site and mobile apps.

To claim your free month visit:
www.forgottenbooks.com/free323384

* Offer is valid for 45 days from date of purchase. Terms and conditions apply.

ISBN 978-0-484-61998-1
PIBN 10323384

This book is a reproduction of an important historical work. Forgotten Books uses state-of-the-art technology to digitally reconstruct the work, preserving the original format whilst repairing imperfections present in the aged copy. In rare cases, an imperfection in the original, such as a blemish or missing page, may be replicated in our edition. We do, however, repair the vast majority of imperfections successfully; any imperfections that remain are intentionally left to preserve the state of such historical works.

Forgotten Books is a registered trademark of FB &c Ltd.
Copyright © 2017 FB &c Ltd.
FB &c Ltd, Dalton House, 60 Windsor Avenue, London, SW19 2RR.
Company number 08720141. Registered in England and Wales.

For support please visit www.forgottenbooks.com

Festrede

gehalten in der Universitätskirche zu Jena

zur

Akademischen Preisvertheilung

am 8. Juli 1893

dem Tage des

Vierzigjährigen Regierungsjubiläums

Seiner Königlichen Hoheit

des

Grossherzogs Carl Alexander

von

Dr. August Gärtner
o. ö. Professor der Hygiene
d. Z. Prorektor.

JENA 1893.

G. Neuenhahn Universitäts-Buchdruckerei.

Gedruckt auf Beschluss des akademischen Senates.

Hochgeehrte Festversammlung!

Heute vor vierzig Jahren war es, als unser regierender Fürst, Seine Königliche Hoheit der Grossherzog CARL ALEXANDER, das Erbe seiner Väter antrat, als sich mit dem Purpur die Schwere der Verantwortung auf die Schultern des jungen Fürsten niedersenkte.

Und wahrlich gross war die Verantwortung, denn gross war das Vermächtniss seiner Vorfahren, die Tradition des Ernestinischen Hauses.

Klarer kann dieses Vermächtniss nicht ausgedrückt werden als durch das Königliche Wort CARL AUGUSTS, dieses unvergesslichen Fürsten: „es sei sein Ehrgeiz, dass auf eine gründliche und des Ernstes des deutschen Nationalcharakters würdige Weise sich Licht und Wahrheit verbreite".

Wie ein Testament klingt dieses Wort des grossen Fürsten zu uns herüber, wie ein Testament ist es hochgehalten von seinen Erlauchten Nachkommen und nach den verschiedensten Richtungen hin bethätigt worden.

Wir jedoch, die wir mit Genehmigung unserer Durchlauchtigsten Nutritoren mit dem Fest der akademischen Preisvertheilung zugleich die Feier des Regierungsjubiläums Seiner Königlichen Hoheit des Grossherzogs begehen, richten unser Augenmerk hauptsächlich auf das, was unser Landesfürst der Universität gewesen ist.

Nur mit wenig Worten wollen wir andeuten, was CARL ALEXANDER seinem Lande und der Nation geleistet hat.

Getreu dem Geiste CARL AUGUSTS hat CARL ALEXANDER den nationalen Gedanken hochgehalten, und unter den deutschen Fürsten, die am 18. Januar 1871 in Versailles den ersten deutschen Kaiser zum ersten Male umgaben, steht in der vordersten Linie der Grossherzog von Sachsen-Weimar. Und wo von der Wiedererstehung des deutschen Reiches die Rede ist, da wird auch der Name CARL ALEXANDERS genannt werden.

Getreu dem Geiste seiner Vorfahren hat CARL ALEXANDER, wie das an feierlicher Stelle schon bei seinem fünfundzwanzigjährigen Regierungsjubiläum bekannt worden ist und seitdem nur noch offener vor Aller Augen liegt, über sein ihm verehrendes Volk mit sicherer Hand ein mildes, gerechtes Scepter geführt und auf politischem, wirthschaftlichem, gewerblichem und kulturellem Gebiet sowie zur Hebung sittlich-religiöser Volksbildung Anordnungen und Einrichtungen geschaffen, durch welche die geistige und materielle Wohlfahrt kräftig gepflegt und gefördert worden ist.

Getreu dem Geiste Seines Illustren Hauses hat Seine Königliche Hoheit der Grossherzog und an Seiner Seite und mit Ihm Ihre Königliche Hoheit die Grossherzogin Kunst und Wissenschaft, diese Quellen des Lichtes und der Wahrheit, gefördert, wo immer die Möglichkeit dazu sich bot.

Der Rahmen würde zu klein sein, das zu entrollende Bild zu fassen, wenn ich hier auf die ganze Fülle des Einzelnen eingehen wollte; jedoch sei, um die Vielseitigkeit der landesväterlichen Fürsorge, der Huld unseres edlen Fürstenpaares wenigstens anzudeuten, erinnert an die Renovation der Wartburg, dieses nationalen **Heiligthums**, die Errichtung der Kunst- sowie der Musikschule, die Rekonstruktion des Theaters, an das Goethe-National-Museum und das Goethe- und Schiller-Archiv.

In allen diesen und vielen anderen hier unerwähnt zu lassenden Unternehmungen ist der klassisch weimarische Geist, auf dem die Reife eines Jahrhunderts liegt, doch zugleich mit den edelsten modernen Bestrebungen gepaart, so dass — es sei nur auf Wagners edelherzigen Freund, Franz Liszt, auf die Reihe berühmter Maler, hingewiesen — heute Weimars Name auf dem Gebiete der Kunst mit den glänzendsten Schöpfungen der Neuzeit unzertrennlich verbunden ist.

Es ist mir indessen nicht vergönnt, anders als mit kurzem Wort all' das Gute und Schöne zu streifen, was CARL ALEXANDER als Landesherr geschaffen und gefördert hat. Denn unsere Universität verehrt in dem Erlauchten Landesfürsten vor Allem den Rector magnificentissimus, und des zum Gedenken wollen wir jetzt in kurzen Zügen skizziren, wie die Ernestinische Hochschule, gegründet von der sorgenden Hand JOHANN FRIEDRICHS in schwerer Zeit, behütet und gepflegt von seinen Nachfolgern im Ernestinischen Namen mehr als drei Jahrhunderte hindurch, sich während der gesegneten Regierung ihres Rector magnificentissimus CARL ALEXANDER entwickelt hat, auf dass wir erkennen, was Alles wir der steten Fürsorge, dem Wohlwollen und der Gnade unseres Durchlauchtigsten Nutritoren und unseres Erhabenen Rektors verdanken, auf dass wir uns selbst Rechenschaft ablegen, ob wir auch treu geblieben sind der Tradition unserer Hochschule, der Intention ihrer Erhalter. Diese Tradition aber ist das ernste, aufrichtige Streben nach Wahrheit, und der durch Wort und Wirken bekannt gegebene fürstliche Wille lautet „Licht und Wahrheit in würdiger Weise zu verbreiten".

Sehen wir, was nach beiden Richtungen hin die Geschichte der letzten 40 Jahre unserer Universität lehrt, und betrachten wir unter den Fakultäten zunächst die theologische.

Nachdem in Deutschland auf politischem Gebiet nach den Jahren des Freiheitstaumels eine starke Reaktion eingetreten war, erscheint es eigentlich selbstverständlich, dass auch in der Theologie ein Rückwärtsfluthen sich bemerkbar machen musste.

Bei der Neigung zur Frömmelei am Berliner Hofe und unter der Aegide von Raumers und von Mühlers konnten Männer wie Hengstenberg und seine Schüler maassgebend werden für die Richtung in der Theologie. Noch schroffer als in Preussen, wo die „Union" eine Milderung der Gegensätze, eine gewisse Duldsamkeit bewirkte, trat der Konfessionalismus in Bayern und Sachsen auf.

Unter dem Ministerium Falk drangen in Preussen während einiger Jahre freiere Ansichten durch, aber trotzdem war die orthodoxe Hofpredigerpartei nicht machtlos geworden, sie dominirte in der Synode und übte von dort aus ihren Einfluss aus auf die Universitäten.

In Thüringen hat die politische Bewegung der vierziger Jahre nicht so hohe Wellen geworfen.

Schon die engen, man kann sogar sagen, freundschaftlichen Beziehungen der Herrscherhäuser zu ihren Unterthanen verhinderten derartige Ausschreitungen, wie sie anderswo an der Tagesordnung waren.

Hatte der Freiheitsdrang hier keine Sturmfluth erzeugt, so war auch kompensatorisch die rückläufige Strömung geringer.

Ausserdem hat unser Durchlauchtigstes Fürstengeschlecht stets mit ruhigem, erhabenem Sinn die Entwicklung der Volksseele in den Thüringer Landen wohl mit grossem Interesse verfolgt, aber es hat niemals versucht, dieselbe in eine bestimmte Form zu pressen, ihr ein „Halt" zuzurufen; niemals hat es seinen Beamten erlaubt, der freien Entwicklung entgegen zu treten; und wenn auch das grosse Wort des grossen FRIEDRICH: „in meinen Staaten kann Jeder nach seiner Façon seelig werden" hier nicht gesprochen worden ist, so hat das Wort in jener Zeit, von der wir reden, als es in den Staaten FRIEDRICHS selbst fast vergessen war, hier volle Gültigkeit gehabt.

In unserer alten Universitätsstadt Jena hat nie die Orthodoxie ihr strenges, kaltes Antlitz mit den asketischen Zügen zeigen dürfen, niemals hat, um nicht als Ketzer gebrandmarkt zu werden, die volle Zustimmung zu den Bekenntnissformeln hier proklamirt werden müssen.

Das freie Streben nach Wahrheit, das Forschen, der Wille der Erkenntniss hat hier gegenüber der starren Form des Dogmas seine Stätte gefunden, ohne dass jedoch der Boden des evangelischen Christenthums je verlassen worden wäre.

Ein Ringen nach Oberhoheit, ein Fesseln der Gedanken, eine Suprematie in kirchlichen Beziehungen hat Jena, hat Sachsen-Weimar nicht gekannt.

Das sind in grossen Zügen die Unterschiede, welche die Theologie der Jenaer Universität so vortheilhaft vor den meisten übrigen Universitäten auszeichnen.

Auf die Entwicklung der Theologie in den früheren Zeitabschnitten einzugehen ist hier nicht der Ort. Nur das sei gesagt, dass in Jena stets Philosophie und Theologie Hand in Hand gegangen sind, dass hier niemals todte Scholastik gelehrt worden ist, vielmehr stets die Theologie als Wissenschaft mit freiem Forschungsgebiet gegolten hat.

In schönen klaren Worten hat uns das Rückert in seiner Rede zur Säkularfeier vor Augen geführt, und er hatte die Berechtigung so zu sprechen, wie er that, denn seine Werke, seine Arbeit, sein Dociren waren seinen Worten gleich, und sind so geblieben, bis der Tod dem nimmer müden Forscher sein gebieterisches „Halt" zurief.

In jener erwähnten Rede konnte Rückert, wie Nippold in seiner Kirchengeschichte sagt, als „Herold seiner Kollegen" auftreten. Treu standen auf seiner Seite, mit ihm der Wahrheit nachforschend, die gelehrten Theologen Hoffmann, Grimm und Hilgenfeld. Deckt auch die zwei ersteren der kühle Rasen, so bezeugt der Dritte, dass auch jetzt noch der Geist der unabhängigen Forschung in gleicher Weise wie vor 40 Jahren in der theologischen Fakultät weiter lebt.

Männer wie Schwarz, Frank, Overbeck, Merx, Diestel, Schrader, wie Pfleiderer, der unter der Aera Falks in die theologische Fakultät der Universität Berlin übernommen wurde, und mehrere andere haben alle zum eigenen Ruhme und zum Nutzen und zur Ehre der Fakultät in derselben Richtung weiter gearbeitet.

Ist es auch unmöglich auf die einzelnen Männer und ihre Leistungen näher einzugehen, so darf ich doch bei zweien eine Ausnahme machen, bei Hase und Lipsius.

Selbstverständlich kann es mir nicht beifallen, das Leben und Wirken eines Mannes von solch' hervorragender Bedeutung, wie Karl August von Hase es war, Ihnen hier vorzuführen, das ist von berufenerer Seite geschehen, damals, als wir trauernd am Sarge jenes Edlen standen, der ein und sechzig Jahre, zwei Menschenalter, hindurch die Zierde nicht nur der theologischen Fakultät, sondern der ganzen Universität gewesen ist.

Aus der Fülle der Geistesprodukte, die er geschaffen, möchte ich nur auf zwei Werke hinweisen, weil sie den besten Einblick in sein Wesen gewähren. Als Strauss sein „Leben Jesu" veröffentlichte in welchem er der Religion und der Geschichte in eigenartiger Form in gewisser Beziehung Gewalt anthat, war bereits sechs Jahre vorher das kleine Hase'sche Werk gleichen Namens erschienen, das je länger je mehr die Grundlage aller unbefangenen Forschung geworden ist.

Es charakterisirt ihn und damit die ganze Jenaer Schule als gleichweit entfernt von dem blinden Glauben der altlutherischen Orthodoxie und von dem harten Rationalismus, der an die Stelle des entthronten Gottes die kühle Göttin Vernunft auf den Thron setzen möchte und den Schwerpunkt des religiösen Seins einseitig in die Ethik verlegt.

Von ebenso epochemachender Bedeutung war Hases Kirchengeschichte.

Man darf den äusseren Erfolg nicht immer als Maassstab betrachten für den Werth einer Arbeit. Aber wenn ein Werk in kurzer Zeitfolge elf Auflagen erlebte, wenn es, trotzdem es neue Bahnen beschritt und nach den verschiedensten Richtungen hin, weil wahr, anstossen musste, doch von Freund und Gegner mit gleichem Interesse gelesen wird, so liegt darin eine Anerkennung für Werk und Autor, wie sie grösser nicht gedacht werden kann.

Wie wir in Hase den Historiker verehren, so schätzen wir in Lipsius, welcher der Fakultät seit dem Jahre 1871 angehörte, in erster Linie den Dogmatiker. Um ihn und sein Streben zu charakterisiren genügt es, einen Satz aus seinem „Lehrbuch der Dogmatik" anzuführen:

„Vor dem Verdachte mit der Orthodoxie kokettiren zu wollen, glaube ich hinlänglich gesichert zu sein, auch wenn ich den unklaren Vermittelungen und principlosen Abschwächungen des kirchlichen Dogmas gegenüber bald die logische Konsequenz, bald das religiöse Recht des letzteren geltend mache. Wenn ich auch bei verschwommenen liberalen Phrase gegenüber auf scharfe Bestimmung der in der Dogmatik gebrauchten Begriffe dränge, so glaube ich damit gerade der freien protestantischen Wissenschaft zu dienen. Höher als alle Kirchenpolitik steht mir der wissenschaftliche Wahrheitssinn, der nicht darnach fragt, was die Parteigenossen am liebsten zu hören begehren, sondern sich und anderen ehrliche Rechenschaft über seinen wirklichen Besitzstand giebt." Diese Worte bilden, man kann sagen, ein Programm des Lebens und Wirkens des letzten grossen Todten der theologischen Fakultät.

Ist die Entwicklung der Theologie in dieser Zeitperiode durch die hier von jeher bestandene Freiheit der Anschauungen beeinflusst worden, so war für den Fortschritt in den juristischen Disziplinen ein anderer Faktor maassgebend. Von jeher nämlich hat in Jena eine glückliche Verbindung von Theorie und Praxis bestanden und sich bis auf den heutigen Tag erhalten, indem jeweils eine Anzahl von Mitgliedern der juristischen Fakultät zugleich zu Mitgliedern wie früher des Oberappellationsgerichtes so jetzt des Oberlandesgerichtes berufen werden. Diese Einrichtung hat bewirkt, dass nicht nur die von der Fakultät als Spruchkollegium ehemals ergangenen Rechtsaussprüche sich in ganz Deutschland eines hohen Ansehens erfreuten, sondern auch, dass die Dozenten den Boden der Praxis nicht verloren und so in besonderer Weise geeignet waren, tüchtige Juristen heranzubilden.

Die juristische Fakultät hat überdies, die alte Ueberlieferung aufnehmend, die Pflege des sächsisch-thüringischen Rechtszweiges im Speziellen nicht vernachlässigt, hauptsächlich aber an dem modernen Aufschwung der deutschen, insbesondere der historischen Rechtswissenschaft sich mit Ehren betheiligt.

Der juristischen Fakultät haben in den letzten vierzig Jahren — abgesehen von den noch jetzt hier Lebenden — bedeutende und hochangesehene Gelehrte angehört.

Als Vertreter des römischen Rechts wirkten hier Danz und Juthe, ersterer um die Geschichte des römischen Rechts, letzterer um diejenige seiner Einführung in Deutschland von hohem Verdienst.

Als Germanisten und Publizisten sind zu nennen: Michelsen, von Gerber, von Hahn, Heimann. Während Gerbers System des deutschen Privatrechts mit seinen sechszehn Auflagen einen weittragenden Einfluss auf Methode und Studien dieses Rechtszweiges geübt hat, darf Hahns Kommentar zum Handelsgesetzbuch als eine der ersten und mustergültigsten Leistungen auf dem Gebiete der deutschen Kommentarlitteratur bezeichnet werden.

Ferner hat einer der verdienstvollsten Bearbeiter des deutschen und preussischen Staatsrechts, Hermann von Schulze, hier in seiner Vaterstadt seine wissenschaftliche Laufbahn als Privatdozent begonnen.

Als Prozessualisten waren in der Fakultät thätig Guyet, der sich um die Ausbildung der thüringischen Praktiker hervorragende Verdienste erworben hat, sowie Wilhelm Endemann, dessen wissenschaftliche Bedeutung auf dem Gebiete des Prozessrechts darin ihre

Anerkennung fand, dass er zum Mitglied der Kommission für die Ausarbeitung des Entwurfs einer Civilprozessordnung für den Norddeutschen Bund berufen wurde.

Das Strafrecht endlich hat Jahrzehnte hindurch eine treffliche Vertretung in Heinrich Luden gefunden, der zugleich als Ordinarius des mit der Fakultät verbundenen Spruchkollegs bis zu dessen Aufhebung im Jahre 1879 eine ausgebreitete praktische Thätigkeit entfaltete.

Die Verdienste von Georg Meyer und Otto Wendt sind noch in so frischer Erinnerung, dass es eines Hervorhebens nicht bedarf.

Die Fakultät darf sich rühmen, wenn auch nicht durch führende, so doch durch getreue Mit- und Folgearbeit auf allen Gebieten der fortschreitenden juristischen Wissenschaft in schöner Weise zur Erfüllung jenes CARL AUGUSTSCHEN Programmes mit beigetragen zu haben.

Wie in der Natur Werden und Vergehen aufeinander folgen, und hinter dem Zeitraum höchster Blüthe die Periode des Rückganges steht, so auch in den Wissenschaften, und wie die einen Pflanzen am einen, die anderen am anderen Ort gedeihen, so sehen wir auch ein ganz eigenartiges, wohlcharakterisirtes Haften bestimmter Disziplinen an der Lokalität. Nicht immer lässt sich sagen, worauf diese Erscheinung beruht; aber klar ist es, weshalb an unserer Hochschule die Philosophie zu solcher Blüthe gedeihen konnte.

14

Es ist eine Tradition des Ernestinischen Fürstenhauses gewesen von jeher, der Wissenschaft freie Hand zu lassen, ihre Entfaltung nicht zu binden, und während anderswo im Interesse der Staatsraison die aufstrebenden und unbequemen Geister gedrückt wurden, hat hier niemals ein Zwang geherrscht.

Die Zeit der Blüthe der Philosophie überhaupt fällt in die letzten Jahrzehnte des vorigen und in die ersten Jahrzehnte dieses Jahrhunderts und während dieser Periode ist Jena mit seinen grossen Philosophen Fichte, Schelling, Hegel geradezu führend gewesen.

Selbstverständlich konnten die folgenden Geschlechter ihre Aufgabe nur darin finden, die leitenden Gedanken des kritischen und des spekulativen Idealismus weiter zu entwickeln und mit den neuen Einsichten und Erfahrungen unseres Jahrhunderts in fruchtbare Wechselwirkung zu setzen.

Ein dankbares Andenken bewahrt Jena Jakob Friedrich Fries (gestorben 1843), der mit kritischer Schärfe eine warme Begeisterung für die Ideale verband. Wie er — damals gegenüber einer anders gerichteten Zeitströmung — mit der Philosophie eine sichere Beherrschung der Naturwissenschaften verband, so that dies auch sein Schüler Apelt, dessen „Theorie der Induktion" noch heute unvergessen ist.

Eben in den fünfziger Jahren, die sonst den Minimalstand der Philosophie unseres Jahrhunderts aufweisen, wurde wiederum von Jena aus ein lebendigeres Interesse für die Philosophie in weiteren Kreisen erweckt. Es ist dies vornehmlich das Verdienst Kuno Fischers, welcher in Jena von 1856—1872 lehrte. In kritischer Gesinnung

15

Kant, in Weite des Horizontes und Beweglichkeit der Gedanken Hegel nachfolgend, dabei unterstützt durch glänzende Gaben geistvoller Darstellung und anschaulicher Schilderung, verstand er es, die grossen Schöpfungen vornehmlich der neueren Philosophie wieder zu lebendigster Wirkung zu bringen und nicht nur seine zahlreichen Schüler zu begeistern, sondern das ganze gebildete Publikum wieder in ein engeres Verhältniss zur Philosophie zu setzen. Für solche mächtige Wiederbelebung der philosophischen Tradition ist Jena ihm dauernd zu Dank verpflichtet.

Neben ihm wirkte in kleinerem Kreise, aber die Gemüther tief ergreifend und nachhaltig fördernd Karl Fortlage, ein sinniger Beobachter von Natur und Menschenleben, ein Meister psychologischer Analyse.

In den von diesen Männern eingeschlagenen Bahnen geht auch unter den zur Zeit hier lebenden Nachfolgern die Jenaische Philosophie weiter. Unter energischer Festhaltung der Grundgedanken des Idealismus sucht sie die neu erschlossenen Thatsachen in Natur und Geschichte voll zu würdigen, sie arbeitet an der Ueberwindung der Gegensätze der Zeit und sucht auch in der akademischen Jugend Interesse nicht bloss an den technischen und gelehrten, sondern auch an den prinzipiellen Fragen der Philosophie wachzuerhalten.

Gegenüber der heute überwiegenden Neigung, die Philosophie einerseits in Geschichte, andererseits in Naturwissenschaft aufgehen zu lassen, kämpft die Jenaische Philosophie für eine Festhaltung und Weiterentwicklung des eigentlich Philosophischen in der Philosophie.

Praktisch ist die Philosophie in den letzten Jahrzehnten an unserer Hochschule geworden durch die kräftige Entwickelung der Pädagogik.

Auf Herbartschen Ideen fussend, voll hingebender Begeisterung und von grosser Einwirkung auf seine Schüler hat Stoy hier die Pädagogik entwickelt und gelehrt. Das von ihm gegründete pädagogische Seminar und seine Schule boten ihm Gelegenheit, seine Theorien gleich in die Praxis zu übertragen. Beide Institutionen bestehen noch, und die Jenaer Pädagogik hat auch heute einen guten Namen weit über die Grenzen Deutschlands hinaus.

Die Entwicklung der Geschichte und klassischen Philologie ging insofern der Philosophie parallel, als auch dort grosse allgemeine Impulse aus der Vergangenheit fortwirkten, während daneben eine exaktere Forschung sich allmählig immer mehr entwickelte. Die Folge der letzteren Erscheinung war die Arbeitstheilung, das Zerfallen der früheren grossen Professuren in mehrere.

Göttling, mit Goethe persönlich verbunden, fasste das Alterthum entsprechend der Zeitrichtung auf als ein zusammenhängendes Ganze. Dem entsprechend erstreckte sich seine Thätigkeit auf fast sämmtliche Disziplinen der Alterthumswissenschaft. Seine Begeisterung für das Alterthum liess ihm auch das Kleinste nicht zu klein erscheinen, und so ist er, unterstützt durch die lebendige Anschauung Griechenlands, getragen ausserdem von philhellenischem Enthusiasmus, einer der anregendsten Dozenten unserer Hochschule gewesen. Werkthätig zeigte sich seine Liebe für das Alterthum in der Einrichtung des archäologischen

Museums und bei Begründung der Rosenvorlesungen, wodurch dem Museum eine kräftigere Unterstützung zu Theil wurde.

Nach seinem Tode wurde das Griechische von Moritz Schmidt, welcher bereits Extraordinarius war, und von Erwin Rohde übernommen. Widmete sich der erstere mit grossem Erfolge hauptsächlich der Grammatik und ihren Hülfsdisziplinen, so ist die Litteratur und die Religionsgeschichte des Alterthums die bevorzugte Domäne des letzteren; durch seine Leistungen hat er sich in die erste Reihe der lebenden Philologen gestellt.

Auch das Latein hat seine grossen Traditionen in Jena. Bis kurz vor dem Regierungsantritt unseres Erlauchten Fürsten dozirten hier Eichstädt und Hand, von welchen jener namentlich als glänzender Beherrscher der sprachlichen Form, dieser als vortrefflicher Grammatiker und Exeget wohlverdient ist. Der Nachfolger Hands wurde im Jahre 1852 Nipperdey, noch einer der Schüler von Gottfried Hermann in Leipzig, des Führers der grammatikalisch-kritischen Richtung gegenüber der Berliner realen Richtung unter Böckh. Nipperdey hat hier bis zum Jahre 1875 gewirkt als ein hervorragender Kenner der lateinischen Prosa.

Im Jahre 1869 wurde ein dritter philologischer Lehrstuhl geschaffen, dessen Inhaber vorzugsweise die Realien der Alterthumswissenschaft vertreten sollte. Diesen Lehrstuhl nahm Bursian von 1869—74 ein. Seine epigraphischen, geographischen und archäologischen Arbeiten sind von dauerndem Werth. Rudolph Schöll ersetzte ihn, ein Mann, der ausgezeichnet war durch vorzügliche Lehrbegabung.

reiches Wissen und strenge Methodik. Nur 2 Jahre lehrte er hier, um dann nach Strassburg und später nach München überzusiedeln, wo man vor wenig Tagen seine sterbliche Hülle der Erde übergeben hat.

Einen glänzenden Vertreter der alten und ältesten Geschichte hatte die Universität in der Person Alfred von Gutschmids. Schon nach einem Jahre folgte er einem Ruf nach Tübingen, sein Amt dem jetzigen Stelleninhaber übergebend.

Die Fächer der Archäologie und der Kunstgeschichte wurden zunächst von Göttling, dann von Bursian vertreten. Neben Göttling wirkten als Extraordinarii der treffliche, ungemein gründliche Carl Bernhardt Stark und der als Litteratur- und Kunsthistoriker gleichberühmt gewordene Hettner (1851—55). Ueber aegyptische und orientalische Kunst las von 1865—70 als hiesiger Privatdozent der bekannte Aegyptologe und Romanschriftsteller Georg Ebers. — Seit einer Reihe von Jahren ist das archäologische Museum selbständig gemacht und eine eigene archäologische Professur errichtet.

War so für die ältere und älteste Geschichte gesorgt, so hatte die neuere Geschichte beim Regierungsantritt CARL ALEXANDERS einen glänzenden Vertreter in Droysen, der von Kiel kommend dort die deutsche Sache selbst warm verfochten hatte. Neben ihm arbeitete bis 1857 der auch durch seine Dante-Forschung verdiente noch jetzt in Würzburg wirkende Historiograph Wegele. Auf Droysen folgte bis zum Jahre 1887 Wilhelm Adolf Schmidt, ein bedeutender Historiker, der in Rankescher Weise die Geschichte in

19

ihrer Gesammtheit zum Gegenstande seiner Forschung und seiner Lehre machte.

Einen wesentlichen Zuwachs erhielt die philosophische Fakultät im Jahre 1861 durch die Berufung des Nationalökonomen Hildebrand. Dieser fand zwar das bereits von Fischer begründete staatswissenschaftliche Seminar vor, aber erst durch ihn wurde es das Vorbild für die entsprechenden Institute an derer Universitäten. Hildebrand war einer der bedeutendsten unter den Begründern der historischrealen Richtung in der modernen Nationalökonomie.

Die orientalischen Sprachen lehrte während dieses ganzen Zeitraumes Stickel, der Senior unserer Universität, einer der hervorragendsten Kenner der orientalischen Numismatik.

Die vergleichende Sprachwissenschaft ist eine Disziplin der neueren Zeit. Unsere Universität hatte das Glück, den bedeutendsten Organisator dieses Forschungszweiges den ihrigen nennen zu können. Sind auch die Bestrebungen August Schleichers, die Sprachwissenschaften wie die Naturwissenschaften zu behandeln und Darwinistische Maximen auf die Sprachen anzuwenden, nicht allgemein anerkannt, so haben sich seine übrigen Arbeiten eines ungetheilten Beifalles zu erfreuen.

Schleicher, und nach ihm Bechstein haben auch die deutsche Sprache gelehrt. Später übernahm Sievers — bis zum Jahre 1883 — das Fach, einer der ersten seiner Wissenschaft. Kluge, sein Nachfolger, ist in den weitesten Kreisen durch sein etymologisches Wörterbuch bekannt geworden. Als er vor wenig Monaten einer Berufung nach Freiburg folgte, übernahm sein Nachfolger zugleich das Lehrfach für neuere deutsche Litteratur, welches vor ihm mit gutem Erfolg Litzmann inne gehabt hatte. Für die englische Sprache wurde eine eigene Professur gegründet.

Die romanischen Sprachen hatten früher eine besondere Vertretung in Jena nicht gehabt. Thurneysen habilitirte sich hier um die Mitte der achtziger Jahre. Sehr bald wurde er als Ordinarius nach Freiburg berufen; im folgenden Jahre kam und ging Meyer-Lübke, das Extraordinariat in Jena bald mit dem Ordinariat in Wien vertauschend; ihm schloss sich Behrens an, welcher in ebenso kurzer Zeit unter denselben günstigen Bedingungen nach Giessen ging. Jetzt ist auch hier die Romanistik zum Ordinariat gemacht.

Ueberblicken wir nun die Entwickelung der Philologie und der verwandten Wissenschaften unter der Regierung unseres Rektors, so sehen wir, dass die alten Sprachen nicht nur in gleicher Weise wie früher kultivirt worden sind, sondern dass sie durch Einrichtung zweier neuer Professuren für Alterthumswissenschaft, für Archäologie und Kunstgeschichte eine Vervollständigung erfahren haben. Die hauptsächlichste Entwickelung liegt jedoch auf der Seite der Sprachvergleichung und der neueren Sprachen. Vier neue Disziplinen mit ebensoviel Professuren sind in diesem kurzen Zeitraum entstanden, ein Beweis, dass die Universität die Zeichen der Zeit verstanden hat, ein Beweis, dass die höchsten Nutritoren Ihr volles Interesse der Gesammtuniversität erhalten haben.

Den mächtigsten Aufschwung haben unter der gesegneten Regierung unseres Erlauchten Rektors die Naturwissenschaften genommen. Jahrhunderte, ja Jahrtausende haben sie geschlummert, aber einmal erwacht brachen sie sich Bahn mit elementarer Gewalt. Und wie früher die Theologie und dann die Philosophie dominirend waren im Geistesleben der Völker, so nehmen jetzt die Naturwissenschaften, besonders sofern sie in das tägliche Leben übertragen sind, zweifellos die erste Stelle ein.

Will man der Entwickelung der Mathematik und Physik in Jena gedenken, so darf Fries nicht vergessen werden. Er hatte sich durch seine Betheiligung an dem Wartburgfest missliebig gemacht und wurde im Jahre 1819, sehr gegen die Neigung Seiner Königlichen Hoheit CARL AUGUSTS, von seinem **Lehramte suspendirt**. 1824 aber durfte er wieder Mathematik und Physik lehren; **man** hatte inzwischen wohl herausgefunden, dass die Mathematik keine die Staaten direkt gefährdende Wissenschaft sei. Ihm folgte 1844 Snell. — Der später in Sachsen in leitender Stellung wirkende Schlömilch war nur kurze Zeit hier. — Snell verknüpfte die Mathematik und Physik mit philosophischen Fragen und Erörterungen. Zwar sind die Produkte dieser Verbindung nicht überall anerkannt, man hat Snell sogar einen Naturphilosophen gescholten, aber höchst originell und ideenreich waren seine Kombinationen, die zündend auf seine Hörer wirkten.

Unterstützt wurde Snell viele Jahre hindurch durch Schäffer mit seinem hervorragenden Talent, durch Lehre und Anschauung selbst

Minderbegabten die mathematischen und physikalischen Probleme klar zu legen.

Im Jahre 1879 übernahm Thomae von Snell die Mathematik, und 4 Jahre später wurde durch Berufung von Sohnke, welcher sich hauptsächlich um die Theorie der Krystallstruktur verdient gemacht hat, und durch Erbauung eines Institutes der Physik die ihrer Entwickelung während der letzten Jahrzehnte entsprechende Stellung gegeben.

Als junger Docent für Mathematik war vom Senkenbergschen Institut Abbe gekommen, ein Schüler Snells. Wie wir von ihm selbst aus der Rede am Sarge von Carl Zeiss wissen, zog ihn dieser heran und ersuchte ihn, die Linsen zu berechnen, die Zeiss fertigen wollte. So kam Abbe zur Optik und so entstand aus der Verschmelzung von Theorie und Praxis jenes optische Institut, welches jetzt einen Weltruf hat, dem kein zweites an die Seite gestellt werden kann; in der mikroskopischen Optik führt Jena.

Die jetzt ebenfalls durch Abbe vertretene Astronomie hat vor ihm unter der Regierung CARL ALEXANDERS nur einen Docenten gehabt Schrön, der vom Jahre 1823—75 wirkte. Er ist bekannt geworden durch seine mustergültigen meteorologischen Tabellen, noch bekannter aber durch seine Logarithmentafeln.

Die Entwickelung der Chemie an unserer Hochschule in diesem Jahrhundert ist auf Döbereiner und Göbel zurückzuführen; letzterer errichtete ein pharmaceutisches Institut. Bei seiner Abberufung nach Dorpat im Jahre 1828 bekam Wackenroder die Anstalt, die er

23

mächtig förderte. Nach seinem Tode 1854 trat wieder eine Theilung ein. Ludwig übernahm das Institut und vertrat die angewandte Chemie, insonderlich die Agrikulturchemie und die Pharmacie, während für die allgemeine Chemie Lehmann berufen wurde, welcher hauptsächlich nach der physiologischen Richtung arbeitete.

Ludwig hat hier mit vielen Widerwärtigkeiten zu kämpfen gehabt. Als der Tod den erst vier und fünfzig Jahre alten, eifrigen Forscher abrief, ging die Stelle auf Reichardt über, während die Lehmannsche Professur von Genther übernommen wurde. Kurz ist die Frist, die verflossen, seit wir an den Gräbern dieser beiden Männer gestanden haben, und noch sind uns Allen ihre Werke in frischer Erinnerung. Mit der Frage des Acetessigäthers, jenes für die Theorie so wichtigen Körpers, wird der Name Genther, mit der Trinkwasseruntersuchung der Name Reichardt für immer verbunden bleiben.

War es Jena auch nicht vergönnt, in der Entwicklung der Chemie eine leitende Rolle zu übernehmen, so hat es eine hervorragende Stellung in der Pharmacie eingenommen; Göbel, Wackenroder, Ludwig, Reichardt sind Namen von bestem Klang, und es wäre zu wünschen, dass unsere Hochschule dieser Führerrolle nicht verlustig gehe.

Die Mineralogie und Geologie war hier zunächst durch Lenz, dann durch Suckow und Ernst Erhard Schmid bis 1885 vertreten. Diesen Männern verdankt Jena die Gründung und Weiterführung des mineralogischen und geologischen Museums. Schmid hat sich ausserdem noch besondere Verdienste um die Geologie Thüringens erworben.

In der Universitas litterarum stehen Philosophie und Naturkunde eng zusammen, und gerade für Jena ist die Biologie in engste Beziehung zur Philosophie zu bringen.

Fries, der Mann mit der Begeisterung des reinen Idealisten und dem ernsten Ueberlegen des geschulten Mathematikers, übte einen mächtigen Einfluss auf den ersten Biologen der Jenaer Universität, auf Schleiden aus, welcher vom Jahre 1839—65 hier das Fach der Botanik vertrat. Dieser spekulative Forscher wies zuerst der Theorie der Zelle in der Botanik einen von vornherein hervorragenden Platz an, er betonte die Wichtigkeit der Entwicklungsgeschichte und stellte ihre Bedeutung für die Morphologie in den Vordergrund.

Pringsheim und insonderlich Strassburger gingen die von Schleiden beschrittenen Wege weiter mit glänzendem Erfolg, während Hallier sich mit grossem Eifer, indessen geringerem Erfolg der Untersuchung der niederen Pilze zuwendete.

Die animale Biologie ruhte auf den Schultern Huschkes, der naturphilosophischen Geist mit gründlicher Untersuchung verband und in seinen Arbeiten selbständiges Denken im Sinne der Descendenzlehre bekundete. Neben ihm wirkte von 1847—1885 Oscar Schmidt als Professor der Zoologie, welcher ebenfalls der Descendenzlehre zugethan war. Nur der Vielseitigkeit Huschkes gelang es noch, das in den letzten Jahren stark angewachsene Material der Anatomie, Physiologie und pathologischen Anatomie zu beherrschen. Als er indessen im Jahre 1858, im selben Jahre mit Johannes Müller-Berlin starb, da ging es hier wie dort. Die Fortschritte auf den von ihnen vertretenen Gebieten waren so gewaltige, die Gesichtspunkte, welche sich nach den verschiedensten Richtungen hin öffneten und tiefe Einblicke in das Wesen des lebenden und todten Körpers versprachen, so zahlreiche, dass es ein Zersplittern von Kraft, ein Brachliegen von Arbeit gewesen wäre, wenn ein Mann die ganze Last hätte übernehmen sollen, und so kam es, dass aus einer Professur deren drei entstanden. 1858 übernahm Gegenbaur die Anatomie, 1859 v. Bezold die Physiologie und 1864 W. Müller die pathologische Anatomie, in dessen Hand sie noch jetzt ruht.

Nach der physiologischen Seite arbeiteten zunächst Domrich, dann Bezold, Czermak, Preyer, sowie Strassburger und ihre Nachfolger.

Indessen der Schwerpunkt der naturwissenschaftlichen Forschung in Jena unter der Regierung CARL ALEXANDERS liegt in der vergleichenden Methode und in der Pflege der Entwicklungsgeschichte.

In der Anatomie führt Gegenbaur; in ihm bewundern wir den Begründer einer neuen Richtung, der neueren vergleichenden Morphologie; seine Arbeiten sind bahnbrechend geworden.

Um die Kenntniss der Zelle und der ersten Entwicklungsgeschichte haben sich die Gebrüder Hertwig, sowie Strassburger grosse Verdienste erworben; ferner ist durch ihre, W. Müllers, Schwalbes, K. Rabls und auch Flemmanns Arbeiten zugleich die spezielle

Histologie und Entwicklungsgeschichte in hohem Maasse gefördert
worden, während A. Lang in der Erforschung der Helminthen
Hervorragendes leistete.

Im gleichem Geiste wird von den jetzt hier Lebenden die Forschung weiter geführt.

Allen indessen weit voraus in der geistigen Durchdringung und
Verallgemeinerung der Entwicklungslehre steht Ernst Haeckel da
als Schöpfer der Phylogenie und Begründer des biogenetischen Gesetzes. Die von ihm systematisch begründete Erkenntniss, dass die
Entwicklung des Individuums (die Ontogenie) in Parallele stehe zur
Entwicklung des Stammes (der Phylogenie), hat sich als Ariadnefaden erwiesen in dem verschlungenen, sonst dunkel gebliebenen Gebiet der Entwicklungsvorgänge; sie beherrscht die ontogenetische
wissenschaftliche Forschung und hat die Descendenz- und Selectionstheorie mächtig gefördert. Haeckel und nach ihm seinen Schülern
gelang es, ganze Gruppen von Lebewesen auf bestimmte Typen, auf
gewisse Urformen zurückzuführen und durch Aufstellung von Stammbäumen ihre genealogischen Beziehungen zu illustriren.

Gerade die Jenaer Forscher hatten und haben es sich zur Aufgabe gesetzt, die Uebergangsformen im Thierreich oder, wie Darwin
sie nannte, die fehlenden Glieder in der Kette zu suchen, und der
Erfolg ist nicht ausgeblieben.

Immer festerere greifbarere Formen nimmt das Bild der Descendenz- und Selectionstheorie an, welches zunächst auftauchte der Fata
morgana vergleichbar am Horizont des Erkennens, und immer mehr

stellt sich heraus, dass diese Lehre geeignet ist, ihren festen Platz in der Naturlehre zu behaupten.

Wie zu Beginn des Jahrhunderts die in rapider Entwicklung befindliche Philosophie ihr Uebergewicht auf die Naturwissenschaften geltend machte, so kann sich jetzt die Philosophie dem Einfluss des Naturerkennens nicht verschliessen; sie hat zu rechnen, und sie rechnet mit dem Erfolge der Naturwissenschaften.

Ist in der Biologie in Jena ein einheitliches Streben, das Arbeiten Vieler auf einen Punkt hin, nicht zu verkennen, so hat sich während der letzten vierzig Jahre die praktische Medizin im Gegentheil decentralisirt. Lange Zeit hat hier die Medizin gefesselt gelegen in den Banden der Naturphilosophie. Männer wie Kieser zwingen uns Achtung ab durch die Intensität ihrer Arbeit, durch das Streben, ihren Mitmenschen zu nützen, aber für die Wissenschaft sind sie fruchtlos geblieben; in nutzlosen Theoremen haben sie, inficirt von dem Geist jener Zeit, ihre Tage verbracht, ihre Kraft verbraucht.

Abgelöst wurde die Epoche der Naturphilosophie in der Medizin von der durch Schönlein in Würzburg inaugurirten naturhistorischen Schule, deren hiesiger Vertreter der unter Schönlein gebildete Professor für innere Medizin Siebert war.

Sieberts Vorgänger war Stark gewesen, der die Gynäkologie versehen hatte, und dem Martin als Extraordinarius hierfür beigegeben

28

war, der, bis er von Kiesel abgelöst wurde, die Psychiatrie gelehrt und zugleich die Fächer der inneren Medizin und der Chirurgie in seiner Person vereint hatte. Als Siebert nach Starks Ableben die innere Medizin übernahm, hatte Ried, den die medizinische Fakultät noch als ihren Senior verehrt, die chirurgische Abtheilung übernommen. Ried galt als einer der bedeutendsten Operateure seiner Zeit, und man kann die Exstirpation des Oberkiefers, eine in Folge der Zündhölzchenindustrie des Thüringerwaldes hier häufig ausgeführte Operation, als seine Domäne bezeichnen.

Nach Sieberts Tode übernahm Leubuscher, dann Uhle, Gerhardt, Leube, Nothnagel, Rossbach die Professur für innere Medizin. Es würde zu weit führen, wollte ich auf die Verdienste dieser Forscher und praktischen Mediziner eingehen, es ist genug, wenn ich sage, dass die zur Zeit noch aktiven Herren zu den bedeutendsten Vertretern der inneren Medizin gerechnet werden und die Lehrstühle in Berlin, Würzburg und Wien einnehmen.

Bald zeigte sich, dass eine Professur für die volle Vertretung der inneren Medizin nicht ausreichte; daher wurde im Jahre 1876 eine selbstständige poliklinische Professur eingerichtet, welche in dem kurzen Zeitraum von siebzehn Jahren sechs mal besetzt wurde; regelmässig sind die Stelleninhaber als Ordinarien abberufen worden mit einer Ausnahme, wo dem betreffenden Herrn die glänzende Stelle als dirigirender Arzt des Krankenhauses Friedrichshain anvertraut wurde.

Bald nach Starks Tode wurde Martin zum Ordinarius befördert und zum Direktor der Anstalt ernannt. Bei seiner Berufung nach Berlin ersetzte ihn der jetzige Stelleninhaber. Wir sagen nicht zu viel, wenn wir diese beiden Jenaer Gelehrten den bedeutendsten Gynäkologen Deutschlands zurechnen.

Als Kieser starb, übernahm Schömann die Psychiatrie, welche nach seinem Tode an Siebert den Jüngeren überging. Diese Disziplin lag zu jener Zeit, da die Aerzte ihr ziemlich machtlos, unwissend und unthätig gegenüber standen, im Argen, bis unter ihrem letzten Vertreter allmählich gesundere Anschauungen, wie überhaupt, so auch in Jena sich Bahn brachen.

Das Fach der Chirurgie umfasste zur Zeit des Regierungsantrittes des Grossherzogs CARL ALEXANDER zugleich die Augen- und Ohrenheilkunde. Die Entwicklung, welche beide Disziplinen nahmen, nöthigten zu einer Sonderung, welche zur Anstellung eines Professors für Ophthalmologie im Jahre 1881 und für Otiatrie im Jahre 1886 führte.

Die gerichtliche Medizin, die Staatsarzneikunde, die Pharmakognosie wurde in der ersten Zeit der Regierung unseres Rector magnificentissimus gewöhnlich durch einen Professor im Nebenamte vertreten. Zuerst machte sich, entsprechend ihrer direkten Relation zum Kranken, die Pharmakognosie frei, während gerichtliche Medizin und Staatsarzneikunde dem jeweiligen beamteten Arzt übertragen blieben. Der Aufschwung, welchen im Anschluss an die Forschungen Pettenkofers, Pasteurs und Kochs die Hygiene nahm, blieb auch auf die Universität Jena nicht ohne Einwirkung, indem eine Professur für Hygiene eingerichtet und sehr bald als besonderes Fach von der gerichtlichen Medizin abgezweigt wurde.

Als letzter Zuwachs ist dann noch die Vertretung der Zahnarzneikunde zu erwähnen.

So haben sich denn in der Medizin eine grosse Anzahl von Spezialfächern gebildet, die anscheinend unvermittelt neben einander stehen. Aber wir dürfen nicht denken, dass durch die zersetzende Wirkung der analytischen Erkenntniss die Medizin einem Gefässe gleich in eine Anzahl Stücke zersplittert sei, die ohne Zusammenhang fremd nebeneinander liegen.

Nein, das Bild wäre falsch! Denken wir uns die Medizin vielmehr als ein mächtiges Gebäude, einen weiten Raum, in welchem noch vor fünfzig Jahren als einziges Füllmaterial die hohle Phrase der medizinischen Afterphilosophie erklang, den Kranken nicht zum Heile, den Aerzten zum Gespött. Als dann die Rückkehr zur Naturbeobachtung erfolgte, als man einsah, dass nicht mit Theorien, sondern durch praktisches Arbeiten am Krankenbett und im Laboratorium Aussicht auf Erkennen und damit zum Heilen sich darbot, da sah man zugleich, in welch ungeahnter Fülle hier nicht gehobene Schätze lagen, und in dem grossen Gebäude der Medizin hob nun ein mächtiges Arbeiten an. Der trieb dieses, und Dieser jenes, und Jener das; das leere Gebäude wurde erfüllt mit Schätzen, die nach Art und Gattung gesondert und aufgestapelt wurden. Da bald eines Menschen Vermögen nicht mehr ausreichte, alles das, was erarbeitet war, zu erfassen, so wurden in dem grossen Gebäude um die verschiedenen Gruppen herum

Scheidewände aufgeführt, aber diese sind leicht konstruirt, durch mächtige, stets offene Thüren mit einander verbunden, und kein ominöses „verbotener Eingang" hält den Forscher von seinem Nebenmann zurück; er mag nehmen von den Schätzen des Nachbarn, so viel er will und kann.

Kommt aber die Zeit, wo das Material der Einzelforschungen zusammengepresst werden kann zu einer eines Mannes Kraft nicht mehr übersteigender Menge, dann sind auch im Augenblick wieder die trennenden Scheidewände der Spezialisirung entfernt, und der Blick des Forschers überschaut den ganzen mit köstlicher Habe gefüllten Raum.

Schauen wir rückwärts jetzt auf das, was ich Ihnen vorführen durfte, so sehen wir, dass die Fakultäten, jede nach ihrer Richtung, gearbeitet und gestrebt haben, dass sie sich mühten, der Vollendung und der Wahrheit näher zu kommen. Oft zwar hat die Kraft versagt, oft sind die Wege irrig gewesen, aber daraus kann ein Vorwurf nicht gemacht werden; denn Vollendung und Wahrheit sind Göttinnen, die auf hohem Berge thronen, kein gebahnter Weg führt zu ihnen hinauf, und in mühseliger Arbeit, auf Umwegen, und oft gehindert durch unüberbrückbare Schlünde müssen wir suchen, ihnen näher zu kommen.

Ob wir sie je erreichen? wahrscheinlich nicht; aber es ist Gewinn, uns ihnen zu nähern und die Wege zu ebnen für die Generationen, die nach uns kommen.

Hochverehrte Anwesende, eine Menge Thatsachen und Namen habe ich Ihnen geben müssen, die bei der Vielgestaltigkeit der Bilder und dem raschen Wechsel der Scene nur schwer im Gedächtniss haften. Wollen wir uns in kurzen Zügen vergegenwärtigen, wie sich der Personalbestand der Universität durch die Huld unserer Durchlauchtigsten Nutritoren während der Regierung unseres Erlauchten Rectors entwickelt hat, so genügen zwei kurze Zahlenreihen.

Das Corpus academicum bestand beim Regierungsantritt CARL ALEXANDERS aus 60 Dozenten, am Tage seines vierzigsten Regierungsjubiläums aus 90; das bedeutet eine Zunahme von 50 %.

Damals, wie jetzt hatte die Theologie 7 Dozenten, damals die juristische Fakultät 13, jetzt 9, damals die medizinische Fakultät 10, jetzt 24, damals die philosophische Fakultät 30, jetzt 51.

Früher rechneten einige naturwissenschaftliche Disziplinen zur medizinischen Fakultät, die jetzt in der philosophischen Fakultät untergebracht sind; andererseits sondert sich letztere naturgemäss in zwei grosse Gruppen, sodass wir über die Entwicklung dieser Zweige ein klareres Bild bekommen, wenn wir sagen, damals standen 19 Philosophen und Philologen 21 Medizinern und Naturwissenschaftlern gegenüber, indessen zur Stunde auf 27 Dozenten der ersten Gruppe 48 der zweiten entfallen.

Während also die beiden ersten Fakultäten und die eigentliche Philosophie ihren Besitzstand höchstens gewahrt haben, hat die philologische Richtung sich um ungefähr 20%, die medizinisch-naturwissenschaftliche aber um mehr als 50% vermehrt.

Grösser noch als die Zunahme des Lehrkörpers ist der Zuwachs an Hörern. Im Sommer 1853 besuchten die Universität 432 Studirende, jetzt 738, womit eine Vermehrung um 71% gegeben ist. Von den immatrikulirten Studirenden waren Theologen damals 103, jetzt 88, Juristen damals 97, jetzt 169, Mediziner damals 85, jetzt 219, Philosophen einschliesslich der Naturwissenschaftler damals 135, jetzt 211.

Schwer ist es mir geworden, dem Wunsche zu entsagen, an der Hand der Geschichte die Entstehung und Entwicklung der einzelnen Universitäts-Institute durchzugehen, allein der kurze, mir gegebene Zeitraum zwingt zur Beschränkung.

Um die Entwicklung der materiellen Seite unserer Akademie in dieser Periode zu zeigen, bleibt daher nichts anderes übrig, als den Besitzstand von 1853 und den von 1893 einander gegenüber zu stellen.

Im Jahre 1853 bestanden 3 theologische und 4 philosophische **Seminarien**. Im Laufe der Zeit sind nicht weniger als 8 neue philosophische und 4 juristische hinzugekommen und entsprechend fundirt worden.

Interessant und belehrend ist eine kurze Zusammenstellung der Geldmittel, die in den beiden Jahren 1853 und 1892 für die Universität zur Verwendung kamen.

Es betrugen:

	1853	1892
Die Besoldungen an Universitätslehrer	75 112 Mk.	200 108 Mk.
Die Besoldungen und Pensionen an akademische Beamte	17 705 „	36 702 „
Der Aufwand für Unterhaltung bei dem Lehrzweck dienenden Gebäude	1 617 „	17 026 „
Der Aufwand für akademische Lehrmittel und Anstalten	22 670 „	142 824 „
Der Gesammtaufwand betrug	152 770 Mk.	429 437 Mk.

Bezüglich der Einnahmen sei erwähnt, dass 1853 der Zuschuss der Nutritoren-Staaten sich auf 108 144 Mk., jetzt auf 296 789 Mk. beziffert. Auch sei mit Dank und Anerkennung hervorgehoben, dass durch bedeutende, den edelsten Motiven entstammende Stiftungen, unter ihnen in erster Linie die Reichenbach-, Graf und Gräfin Bose- und die Ritter-Stiftung, der Akademie jährlich 53 328 Mk. zufliessen.

Die angeführten Zahlen sprechen für sich selbst, ein Commentar ist überflüssig; in vierzig Jahren ist die der Akademie zur Verfügung stehende Summe verdreifacht worden, und die für direkte Lehrzwecke verwendeten Gelder sind fast sieben Mal so hoch, als sie beim Regierungsantritt unseres Rektors waren.

Ein Kollegienhaus existirte 1853 noch nicht. Im alten Kollegiengebäude waren etwa 4 Räume, welche Vorlesungszwecken dienten.

Die Professoren lasen in irgend welchen in der Stadt gemietheten Räumen, die sie selbst mit Tischen und Bänken, Licht und Wärme versorgen durften.

Diesem Uebelstand wurde durch die Umwandlung der sogenannten „Wucherei" in das „neue Kollegienhaus" ein Ende gemacht. Am 22. April 1861 wurde dasselbe sang- und klanglos bezogen.

Die Bibliothek befand sich im Jahre 1853 in einem Theile des jetzigen Anatomie-Gebäudes, zur Säkularfeier 1858 wurde das jetzige Haus fertig gestellt.

Wie sich der Bücherstand der Bibliothek vermehrt hat, lässt sich nur schwer bestimmen, doch gewähren folgende Zahlen einen Einblick. Im Jahre 1853 sind für die Bibliothek verausgabt worden 4991 Mk., im Jahre 1892 aber 23 372 Mk. In den letzten vierzig Jahren wurden für 244 786 Mk. neue Bücher erworben. Das sind grosse Summen, und es würde Unrecht sein, wollte man die Sprache dieser Zahlen verkennen. Allein andererseits ist es eine Thatsache, dass die Bibliothek wohl die am wenigsten leistungsfähige von allen Universitätsanstalten ist. Es haben sich eben die Ansprüche, welche an Bibliotheken gestellt werden können und gestellt werden müssen, in geometrischer Progression gemehrt, und unsere Bibliothek ist von den deutschen mir bekannt gewordenen die geringst dotirte. Ich weiss mich in Uebereinstimmung mit der ganzen Universität, wenn ich gerade diesem Institut ein gutes Gedeihen und die kräftigste Unterstützung wünsche.

Was Jena an Instituten im Jahre 1853 hatte, war ungefähr Alles im Schloss vereint. Dort fand sich die zoologische Sammlung, ferner das erheblich reicher ausgestattete mineralogische Kabinet, das schon damals zu den besten seiner Art gehörte, weiter das archäologische Museum, dessen Schätze durch bedeutende Schenkungen unserer Durchlauchtigsten Nutritoren und Deren Familien vermehrt worden waren und die etwa 3 Zimmer füllten.

Ueber der Reitschule war die anatomische und zootomische Sammlung.

Die damals bereits werthvolle orientalische Münzsammlung war in einem einfenstrigen Zimmer der Bibliothek untergebracht.

Die physikalische Anstalt befand sich in zwei Zimmern des Snellschen Wohnhauses; dahinter lag ein kleines Häuschen mit zwei Räumen, als Laboratorium zu grösseren, besonders feuergefährlichen, physikalischen und chemischen Arbeiten.

Ein chemisches Universitätslaboratorium fehlte. Professor Wackenroder und sein Nachfolger Ludwig hatten nur ihr Privatlaboratorium zur Verfügung.

Die Sternwarte war ausgerüstet mit Instrumenten, welche von den Hohen Nutritoren geschenkt waren, und befand sich in dem Schillerhause.

Den Hörsaal der Anatomie bildete der Stumpf des alten Festungsthurmes am Löbdergraben, welchen das Staatshandbuch von 1851 mit dem wohlklingenden Namen „Rundbau" bezeichnet; der Secirsaal war in einem an dem Thurm angebauten Häuschen untergebracht.

Noch ist das physiologische Institut zu erwähnen, in gewisser Beziehung das wichtigste von Allen.

Von E. E. Schmid und Schleiden 1843 aus eigenen Mitteln gegründet und erhalten, nahm es 1845 noch Domrich als Physiologen, und Häser, sodann Förster, den Dozenten für Thiermedizin auf. Hier wurde mikroskopisch und physiologisch gearbeitet, und der Zudrang der Studirenden zu dem neuen Institut in dem jetzt Weimarschen Hause am Rathhaus war gross. Von dort aus strömte neues Leben in die recht versumpfte Medizin hinein. War das Institut auch den alten Professoren der Medizin nicht genehm, so wurde es doch regierungsseitig in seiner Bedeutung bald erkannt, von den Hohen Nutritoren unterstützt und schon 1847 unter Gewährung eines jährlichen Fonds von den Regierungen für die Universität übernommen. Dieses Institut war gewissermaassen das Frühbeet für die aufstrebende, aber noch sehr zarte, dem Kampfe um das Dasein noch nicht gewachsene naturwissenschaftliche Methode; aus ihm sind das jetzige botanische Institut, die physiologische Anstalt, die Laboratorien der zootomischen und mineralogischen Anstalten hervorgegangen.

Die Landesheilanstalten, welche nur Sachsen-Weimar gehören, aber statutarisch auch den Zweck haben, „auf Förderung und Vervollkommnung der Medizin als Wissenschaft, sowie auf Bildung junger, in Jena studirender Aerzte hinzuwirken", deckten, ich will auf Specialia nicht eingehen, damals mit ihren Gebäuden eine Grundfläche von 1436 Quadratmetern.

38

Das ist im grossen Ganzen der Bestand für das Jahr 1853; vergleichen wir nun damit den jetzigen Besitzstand.

In den vierzig Regierungsjahren ist unter der landesväterlichen Fürsorge CARL ALEXANDERS die bebaute Grundfläche der Grossherzoglichen Landesheilanstalten von 1436 auf 5620 m$_2$ vermehrt. Im Speziellen heisst das: es ist die gynäkologische Anstalt um das Doppelte vergrössert, es ist hinzugekommen eine Badeanstalt, eine Augen- und eine Ohrenklinik mit zusammen 80 Betten, eine chirurgische Baracke, das Hauptgebäude der medizinischen Klinik nebst zwei Baracken und einem schönen, gut eingerichteten Isolirhaus, sodann die pathologisch-anatomische Anstalt, die Dampf-Desinfektionsanstalt und die grosse, allen Anforderungen der Gegenwart genügende Irrenanstalt für etwa 180 Kranke.

Die Grossherzogliche landwirthschaftliche Lehranstalt, deren Gebäude, Sammlungen und Bibliothek Eigenthum ihres Begründers Schultze waren, wurde im Jahre 1861 von der Grossherzoglichen Staatsregierung angekauft und erhalten. Als später in Folge der Gründung gleicher Institute in Halle und Leipzig die Frequenz der hiesigen Lehranstalt stark zurückging, und ihre Aufhebung von vielen Seiten angestrebt wurde, war es dem persönlichen Eingreifen Seiner Königlichen Hoheit des Landesfürsten zu danken, dass sie dem Lande und der Universität erhalten blieb und in den letzten Jahren wieder einen erfreulichen Aufschwung nehmen konnte.

Die archäologische Sammlung ist im Laufe der Jahre mehr als verdreifacht; ausserdem sind über 8000 Bilder angekauft und ferner ist eine auskömmliche Bibliothek geschaffen worden.

Die von Seiner Königlichen Hoheit dem Grossherzog selbst in das Leben gerufene ethnographische Sammlung und ein von Professor Klopfleisch eingerichtetes germanisches Museum nehmen die Räume in den Seitengebäuden des Schlosses ein.

Das orientalische Münzkabinet, verbunden mit dem akademischen Münzkabinet und einer wiederum von Seiner Königlichen Hoheit dem Grossherzog geschenkten japanischen Münzsammlung, ist so bedeutend, dass es mit den Sammlungen in London, Paris, Petersburg und Berlin, den grössten der Welt, erfolgreich konkurriren kann.

Die mineralogische Anstalt hat ihren alten Platz im Schloss behalten, sich aber entsprechend ihrer Vergrösserung ausgebreitet. Die Sammlung gehört zu den kostbarsten unserer Universität.

Der botanische Garten wurde 1875 beträchtlich vergrössert und verschönt, das geräumige Institut 1864 aus Grossherzoglichen Staatsmitteln gebaut.

Weiter sind entstanden das zoologische und das physikalische Institut; beide sind gut ausgerüstet. Durch die Freigebigkeit eines hochherzigen Mannes, Paul von Ritter, konnte der zoologischen Anstalt eine besondere Professur für Phylogenie affiliirt werden. Das Terrain, auf welchem die Institute stehen, sowie das Döbereiner-Snell'sche Haus, in welchem seit dem Jahre 1887 die

40

hygienische Anstalt eingerichtet ist, würde der Universität von der Grossherzoglichen Regierung kostenfrei überlassen.

Im Jahre 1891 ist das chemische Institut neu erstanden auf einem Terrain, welches 1858 sammt dem darauf befindlichen Hause von Ihrer Königlichen Hoheit der Grossherzogin der Universität zur Säkularfeier geschenkt worden war.

Ich freue mich sagen zu können, dass dieses Institut den besten Anstalten Deutschlands an die Seite gestellt werden kann.

In demselben Jahre ist weiter neu erstanden die physiologische Anstalt; ferner wurde sehr vollständig aus- und umgebaut, sodass der Sache nach doch ein Neubau gebildet wurde, das anatomische Institut.

Rechnen wir hierzu noch die Einrichtung einer besonderen Seminarschule und die zum Theil aus Staatsmitteln neu erbaute und sehr zweckmässig eingerichtete und ausgerüstete Sternwarte, so dürfte das Rundbild der Entwicklung der Akademie in diesen vierzig Jahren, während derer die Universität in CARL ALEXANDER ihren Rector verehrte, in kurzen Zügen vollendet sein. Fehlt auch die Nüancirung der Einzelheiten, so sehen wir doch mit vollkommener Klarheit, wie Vieles und Grosses in dieser Zeit geschehen ist.

Schweift von unserer alten, ehrwürdigen, aber kleinen Saalestadt der Blick hinüber zu den grösseren Universitäten der Nachbarschaft, und wird ein Vergleich gezogen zwischen ihren imponirenden Prachtbauten und unseren bescheidenen Instituten, wird verglichen, wie viel Mittel dort, wie viel hier flüssig sind, so mag wohl hier und da dem Einen oder Anderen ein Gefühl von Neid in der Brust aufsteigen.

Indessen nicht immer sind in den grossen Instituten die hauptsächlichsten Entdeckungen gemacht worden, nicht immer hat das reichstdotirte Seminar die besten Schüler erzeugt, nicht nach der Grösse der Mittel richtet sich der Erfolg, im Gegentheil, nicht selten ist eine gewisse Beschränkung dienlicher gewesen als eine zu grosse Abundanz, und andererseits darf nicht vergessen werden, dass nicht auf einmal sich Alles erreichen lässt, und dass in dem kurzen Zeitraum von vierzig Jahren für die Universität Jena viel geschehen ist.

Die Universitätsverwaltung, die während dieser Periode in den Händen des unvergessenen Seebeck, dann in denen von Türckes gelegen und nun in den Händen Eggelings ruht, hat sich stets bemüht, bei jeder Gelegenheit für die Universität einzutreten, ihr Gedeihen, ihre Interessen zu fördern.

Die Kuratoren haben auch immer bei den hohen Regierungen ein williges Ohr gefunden; und musste eine Bitte abgeschlagen werden, so war das in der Unzulänglichkeit der Mittel begründet.

Eine akademische Rede hat nicht den Zweck, Geschichte zu lehren, es ist daher unmöglich, alle die verdienstvollen Männer zu nennen, die an leitender Stelle der vier Nutritoren-Staaten während dieses Zeitraumes gestanden und das Wohl der Gesammtuniversität gefördert haben mit eifrigem Bemühen und zugleich in treuer Hingebung an die alma mater, der sie zum grossen Theil selbst einst angehört.

Einen aber darf ich herausheben aus der Gruppe dieser ersten Staatsdiener, ich meine Stichling, den ältesten und vertrautesten Diener CARL ALEXANDERS. Als sorgender Freund der Universität, als treuer Berather seines Fürsten war Stichling in erster Linie bei all den grossen Schöpfungen der letzten vier Jahrzehnte betheiligt. Die Verehrung, welche die Akademie ihm zollte, fand ihren beredten Ausdruck darin, dass alle vier Fakultäten ihn zu ihrem Ehrendoktor ernannten.

Haben nun auch die Regierungen immer der Universität ihre volle Aufmerksamkeit und Fürsorge zugewendet, so haben doch von Anbeginn an das regste Interesse die Hohen Nutritoren selbst gehabt.

Es giebt kein Blatt in der Geschichte unserer Hochschule, wo Ihr Name nicht verzeichnet ist, keine Stiftung, kein Institut, keine Sammlung, bei welcher nicht die Durchlauchtigsten Erhalter, die Höchsten Herrschaften persönlich betheiligt wären.

Wir haben ein Recht den Zeitabschnitt, auf den wir heute zurückblicken, als die Hauptentwicklungsperiode der Universität zu bezeichnen; denn von ihrem Beginn an bis auf diese Stunde ist niemals in so kurzer Zeit so viel geschaffen worden; und lassen wir nochmals im Geiste die Errungenschaft dieser vierzig Jahre an uns vorübergehen, so sehen wir, dass gerade das Grossherzogliche Haus, und in ihm wieder sein Erlauchtes Haupt, unser Rector magnificentissimus sich an diesem Schaffen in der hervorragendsten Weise betheiligt haben.

Indessen es wäre zu wenig, wenn wir nur die grossen, vorhin erwähnten Stiftungen in das Auge fassen wollten. Nein den Schwerpunkt der Fürsorge Seiner Königlichen Hoheit möchte ich von der materiellen Seite auf die ideelle verlegen.

Unser Rector hat von jeher gerade an den Interessen und Bestrebungen der Universität den regsten Antheil genommen. Nicht allein bei ihren Festen oder bedeutenderen Vorträgen war er zugegen, nein, er ist auch in die Werkstätte des Forschers gegangen, um sich dort zeigen zu lassen, welche Wege die Wissenschaft wandelt, er ist in das Studirzimmer des Gelehrten gekommen und hat dort gehört, welcher Art die Bestrebungen sind und wie die Ideen sich associiren, er hat die Vorlesungen besucht, um zu vernehmen, welche Kost dort den Hörern gereicht wird.

Kaum ein Semester ist vergangen, wo wir nicht das Glück gehabt haben, in unserer alten Musenstadt dem Rector magnificentissimo ehrfurchtsvoll unsere Huldigung darzubringen. Treu den Traditionen Seines erlauchten Hauses hat Seine Königliche Hoheit im Verein mit den Durchlauchtigsten Nutritoren sich stets als Schützer und eifriger Förderer der Wissenschaft bewiesen.

Als am 26. August 1853 der damalige Prorector Hase Seiner Königlichen Hoheit CARL ALEXANDER im Auftrage der Universität die Wahl zum Rector magnificentissimus anzeigte und die Insignien der Macht, die Scepter, überreichte, da antwortete der Fürst im Beisein Seiner Durchlauchtigsten Gemahlin und des versammelten Hofes: „Ich nehme das mir übertragene Amt und die Insignien der Universität an und will treu und sorgsam, wie meine Vorfahren ihr Wohl und ihre Angelegenheiten im Auge halten."

Es war ein grosses Versprechen, das damals gegeben wurde, und nicht durch einzelne Thaten, nein, durch ein ganzes langes Leben hindurch ist dieses Versprechen eingelöst worden mit echt Ernestinischer Fürstentreue.

Dankbar aber und freudig schlagen unsere Herzen dem Fürsten entgegen, der an diesem befriedigungs- und hoffnungsreichen Gedenktage uns der erste Repräsentant des über unserer Hochschule waltenden Ernestinischen Herrschergeschlechtes ist, und wir bekennen freudig, dass wir dem hohen Hause der Ernestiner, wie Er es uns als unser Ehrenhaupt mit den stammverwandten Durchlauchtigsten Nutritoren verkörpert, in unwandelbarer Treue, in Ergebenheit und, was mehr ist als Beides, in Liebe anhängen, dass wir uns glücklich schätzen, bei unter dem milden Scepter der Ernestiner wirken zu können, ein jeder nach seiner Art.

Und wir alle, die wir an dieser Stelle versammelt sind, Angehörige und Freunde der Akademie, wir können unseren Dank und unsere Wünsche nicht besser zusammenfassen, als in dem alten schönen Wunsche:

„*Gott schütze, Gott segne und behüte*
unsere Durchlauchtigsten Nutritoren, und an ihrer Spitze
unsern gnädigsten Landesherrn und Rector magnificentissimus
CARL ALEXANDER!"

CPSIA information can be obtained
at www.ICGtesting.com
Printed in the USA
BVHW08*1238021018
529052BV00008B/271/P